이중섭

이중섭

김유 글 김홍모 그림

비룡소

"중섭이는 소랑 뽀뽀도 한대."
"중섭이는 소랑 산다잖아."
 까까머리 소년들이 들판을 지나며 킥킥댔어요. 열다섯 살이 되었지만 중섭이는 여전히 소에 빠져 살았거든요.

중섭이는 친구들 말에 아랑곳하지 않았어요. 오도카니 앉아 소만 바라보았지요. 소를 쓰다듬고 소와 눈을 맞추고 소에게 말을 걸었어요.

"내가 어릴 때 놀던 들판에서도 소를 만났어. 밥 먹는 것도 잊고 놀고 있으면 어머니가 찾으러 왔는데……. 어머니가 많이 보고 싶어."

풀을 뜯던 소가 커다란 눈을 끔벅이며 중섭이를 보았어요. 중섭이는 그런 소가 마치 자기 마음을 다 알아주는 것만 같았어요.

한여름 들판은 뜨거웠지만, 중섭이는 해가 질 때까지 소를 보며 그림을 그렸어요.

'소는 덩치도 크고 힘도 센데 눈을 보면 얼마나 순하고 여린지 알 수 있어. 어쩐 일인지 슬퍼 보이기도 하고…….'

날마다 소와 함께하니 중섭이는 소의 마음까지도 느낄 수 있었어요.

소를 사랑한 소년 중섭이는 1916년 9월 16일 평안남도 평원군 조운면 송천리 742번지에서 태어났어요. 위로 열두 살 많은 형 중석이와 여섯 살 많은 누나 중숙이가 있었어요.

중섭이가 태어난 해는 일본이 우리나라를 지배한 지 육 년이 되었을 때예요. 일본은 우리말을 못 쓰게 하고 곡식을 함부로 빼앗아 갔어요. 그나마 중섭이네는 할아버지 대부터 농사지은 땅이 많아서 생활이 어렵지 않았어요.

중섭이가 두 살 무렵, 병을 앓던 아버지가 세상을 떠났어요. 어머니는 홀로 자식들을 돌보며 살림까지 꾸려야 했지요.

고된 하루를 보내고도 어머니는 막내 중섭이를 따뜻하게 안아 주었어요. 중섭이는 그런 어머니 곁에서 그림 그리는 걸 좋아했어요.

중섭이는 여섯 살 때 어머니를 떠나 외할아버지 댁이 있는 평양으로 갔어요. 더 넓은 곳에 가서 공부하길 바라는 어머니의 뜻을 따르게 된 거예요. 중섭이는 평양 종로 공립 보통학교(일제 강점기에 초등학교를 부르던 말)에 입학했어요.

중섭이는 학교에서 눈에 띄는 아이였어요. 명랑하고 노래도 잘하고 스케이트도 잘 탔거든요. 미술 시간에는 중섭이가 첫손가락에 꼽혔어요. '그림' 하면 누구든 '볼 빨간 아이 이중섭'을 떠올렸지요.

어느 날 중섭이는 친구 병기네 집에 놀러 갔어요. 병기 아버지는 서양화를 그리는 화가 김찬영이에요.

거실에 들어서자마자 중섭이는 입을 다물지 못했어요. 벽부터 바닥까지 그림으로 가득했거든요. 그림 속 사람들은 금방이라도 밖으로 나올 것처럼 생생했어요.

"와, 이런 멋진 그림은 처음 봐. 물감을 엄청 두툼하게 발랐네."

병기네 집에는 미술 잡지와 책도 많았어요. 붓이며 물감이며 온갖 그림 도구도 쌓여 있었고요.

"중섭아, 이 붓은 되게 부드러워."

병기가 중섭이 손등을 붓으로 쓸며 말했어요.

"그러네. 병기야, 난 물감 색깔이 이렇게 다양한지 몰랐어."

중섭이와 병기는 시간 가는 줄 모르고 이야기를 나누었어요.

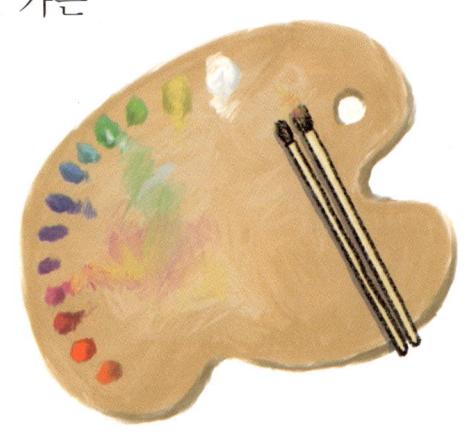

평양은 옛 고구려의 수도였기에 문화유산이 많았어요. 중섭이가 6학년이 되었을 때는 평양 부립 박물관이 문을 열었어요.

중섭이는 친구들과 박물관을 찾았어요. 고구려 벽화 앞에서는 제자리에 얼어붙듯 우뚝 멈춰 섰어요.

"마치 살아 있는 것 같아."

중섭이의 말에 친구들도 걸음을 멈추었어요.

"어, 정말 그러네. 이 사람들은 춤추는 것처럼 보여."

"저기 사냥하는 사람들도 그래. 말을 타고 달려오는 것 같잖아."

"우아, 이 새는 진짜 날아오르는 것 같다."

친구들이 웅성거렸어요.

"천년이 지나도 감동을 줄 수 있다니 너무나 놀라워. 나도 이런 그림을 그리고 싶어."

중섭이는 고구려 벽화를 보며 다짐하듯 말했어요.

"중섭이 너라면 할 수 있을 거야."

병기가 힘주어 대답했어요.

고구려 벽화를 만난 뒤로 중섭이는 그림 그리기에 더 빠져들었어요. 학교에서 공부를 마치면 대동강으로 나가 풍경을 그리고, 진흙으로 유물 모형을 빚은 뒤 자세히 보며 그렸어요. 자나 깨나 그림 생각뿐이었지요.

고등 보통학교(지금의 중학교와 고등학교) 입학시험이 코앞으로 다가왔어요. 형 중석이는 그림에 빠져 사는 동생이 못마땅했어요.
　"공부는 손 뗄 셈이냐? 나중에 뭐가 되려고 그래?"
　형은 일본에 있는 대학에 입학해 경제를 공부하고 있었어요. 방학에는 평양으로 왔는데, 동생 중섭이를 볼 때마다 잔소리를 늘어놓았어요.

"난 그림만 그리고 살아도 좋아."

중섭이는 형의 말에 눈 하나 깜짝하지 않았어요.

"한심한 녀석, 당장 공부하지 못해!"

형이 으름장을 놓으면 중섭이는 창고로 줄행랑을 쳤어요. 어두컴컴한 창고 방에서 늦은 밤까지 그림만 그렸어요.

시험 전날에도 그림을 그리던 중섭이는 어른들이 바라는 학교의 입학시험에 떨어졌어요. 결국 평양에서 멀리 있는 오산고보(오산 고등 보통학교)에 입학했어요.

오산고보는 독립운동가 이승훈 선생님이 후손들에게 우리 민족의식을 일깨우기 위해 세운 학교였어요. 교과서가 일본어로 적혀 있어도 우리 문화와 역사를 가르쳤어요.

얼떨결에 입학한 학교였지만, 중섭이의 가슴속에도 우리 민족을 향한 뜨거운 것이 일렁이기 시작했어요.

중섭이는 특별 활동으로 미술부에 들어갔어요. 미술부 선배가 졸업한 뒤 일본으로 유학을 갔다는 이야기에 중섭이도 유학을 꿈꾸었지요.

그러던 어느 날 놀라운 사건이 일어났어요. 바로 임용련 선생님이 오산고보에 미술 교사로 온 거예요. 임용련 선생님은 우리나라 최초로 미국에서 그림 공부를 한 화가였어요. 유럽 곳곳을 누비며 활동할 만큼 실력이 뛰어났어요.

임용련 선생님은 학생들과 들판에 나가 수업하는 걸 좋아했어요. 그림을 그릴 때면 직접 관찰하고 자신만의 느낌과 색으로 표현하게 했어요.

"선생님, 소를 보고 있으면 커다란 눈망울에서 슬픔이 느껴져요. 겉으로는 강해 보이지만 속은 순하고 여린 우리 조선 사람들을 닮은 것 같아요."

"그래, 그림이란 눈으로 본 것만 그리는 게 아니란다. 지금처럼 마음으로 보고 느끼면 보이지 않던 것도 볼 수 있지. 중섭이 너만의 그림은 그렇게 나오는 거란다."

중섭이는 선생님의 애정 어린 이야기를 가슴 깊이 새겼어요.

임용련 선생님은 학생들에게 우리 민족의 숨결을 담은 그림을 강조했어요. 또한 한글 자음과 모음을 활용한 그림을 그리게 했어요. 일본이 우리말과 글을 없애려는 것에 저항하려는 뜻이었어요.
　중섭이는 그림을 완성한 다음 이름을 쓸 때도 한글로 풀어썼어요.
　어릴 때 친구들이 부르던 '둥섭('중섭'의 평안도 발음)'을 풀어 'ㄷㅜㅇㅅㅓㅂ'이라고 적거나 '중섭'을 풀어 'ㅈㅜㅇㅅㅓㅂ'이라고 적었어요.

하루는 임용련 선생님이 미술부 학생들을 불러 모았어요.

"경성(지금의 서울)에서 공모전을 연다는구나. 우리 미술부도 그동안 갈고닦은 실력을 보여 주자."

중섭이는 정성 들여 작품을 준비했어요. 그리고 얼마 뒤 입선작 명단에 '이중섭'이라는 이름을 당당히 올렸어요.

"장하다, 중섭아. 심사 위원들도 중섭이의 그림을 크게 칭찬했더구나."

임용련 선생님이 들뜬 목소리로 말했어요.

처음으로 그림을 낸 공모전에서 뽑히다니 중섭이는 믿기지 않았어요. 심사 위원 평을 보고 또 보았지요.

공모전 이후 중섭이는 그림 그리는 일에 더 힘을 쏟았어요. 임용련 선생님의 가르침이 더해져 다음 공모전에서도 좋은 결과를 얻었어요.

오산고보 졸업을 앞두고 형 중석이가 원산 집으로 중섭이를 불렀어요. 그사이 형은 동쪽의 항구 도시 원산에서 맨 처음으로 백화점을 열었어요. 사업이 잘되어 어머니와 함께 원산으로 이사도 했어요.

"이제 정신 차리고 내 밑에서 찬찬히 일을 배워라."

"아니에요, 우선 일본에서 미술 공부를 하고 유럽으로 갈 거예요."

중섭이는 조금도 망설이지 않았어요. 어머니는 그런 중섭이의 마음을 헤아렸어요.

"중석아, 중섭이가 원하는 대로 하는 게 좋겠다. 우리 막내는 그림 그릴 때 가장 행복해 보이거든."

어머니가 설득하자 형도 마지못해 허락했어요.

1936년, 어엿한 청년이 된 이중섭은 일본 도쿄로 건너가 제국 미술 학교에 입학했어요. 그런데 학교 규율이 너무 엄격해서 그림을 그리기도 어려웠어요.

다음 해 이중섭은 학교를 옮겨 문화 학원 미술과에 입학했어요. 문화 학원은 자유롭고 활기찬 분위기라서 학생들이 마음껏 상상을 펼치며 공부할 수 있었어요.

누가 봐도 이중섭은 개성이 넘치는 학생이었어요. 긴 코트 자락을 싹둑 잘라 큼직한 주머니로 만들어 옷에 붙였어요. 뱃사람들이 쓰던 모자를 즐겨 쓰고 다녔어요. 친구들 사이에서도 인기가 많았어요. 성격이 유쾌하고 늘 웃는 얼굴이었거든요. 무엇보다 그림을 그릴 때면 옆 사람까지 빠져들 만큼 집중했어요.

이중섭은 새로 완성한 그림을 당시 새로운 예술 운동을 이끌던 일본 자유 미술가 협회의 공모전에 보냈어요. 수많은 조선 유학생이 그린 그림 중에 이중섭의 그림이 가장 돋보였어요. 회색빛 배경 한가운데에서 몸부림치는 황소 그림이 사람들의 마음을 사로잡았어요.

"환상적인 신화를 묘사하고 있다. 작은 작품이지만 큰 배경을 느끼게 한다."는 평을 받으며 입선했지요. 이중섭은 가슴이 벅찼어요.

꽃망울이 터지는 봄날이었어요. 이중섭은 수돗가에서 붓을 빨다가 한 여학생을 만났어요. 일본인 후배 야마모토 마사코였어요.

"전에 선배님이 그림 그리는 모습을 본 적 있어요."

마사코가 살며시 웃자 이중섭은 얼굴을 붉혔어요. 마사코에게 한눈에 반했거든요. 사실 마사코도 이중섭을 마음에 두고 있었어요. 둘은 금세 연인이 되었지요.

이중섭은 마사코에게 글 없는 그림엽서를 보내 사랑을 전했어요. 일 년 동안 보낸 엽서만 해도 팔십여 통이었어요. 둘만의 암호 같은 그림들을 담았지요.

　이중섭은 사랑의 힘으로 작품 활동에도 열정을 쏟았어요. 자유 미술가 협회에서 선보인 「서 있는 소」는 강렬한 눈빛으로 고된 현실에 맞서는 조선 사람들을 닮아 있었어요.
　이중섭은 비록 일본 땅에 있지만, 자신이 조선 사람이라는 것을 절대 잊지 않았어요. 그래서 소를 그릴 때면 일본 소가 아닌 어린 시절 보았던 조선의 소를 떠올렸어요.
　평론가들은 '우리 미술계에서 일등으로 빛나는 존재'라며 이중섭에게 칭찬을 아끼지 않았어요.

이즈음 일본은 여러 나라를 침략하며 전쟁을 일으켰어요. 마침내 미국 전투기가 도쿄에 폭격을 가하고, 도쿄 하늘이 잿빛으로 뒤덮였어요.

문화 학원마저 문을 닫자 이중섭은 안갯속에 갇힌 것만 같았어요. 유럽으로 유학을 갈 수도 없었어요. 유럽에서는 제2차 세계 대전이 한창이었으니까요.

이중섭은 답답한 마음을 담아 「세 사람」이라는 그림을 그렸어요. 세 사람이 다른 자세로 있지만 모두 한 사람이었어요. 엎드린 자세는 아픔을 견디는 모습이고, 누운 자세는 포기한 모습이며, 쭈그려 앉은 자세는 기다리는 모습이었어요. 이러지도 저러지도 못하는 자신을 표현한 작품이었어요.

1943년 8월 뜨거운 여름날, 이중섭은 경성에서 열리는 행사 준비를 위해 조선으로 가야 했어요.
　"마사코, 이건 내 사랑의 증표요. 금방 돌아올 테니 잠시만 기다려 주시오."
　이중섭은 아끼던 팔레트를 마사코에게 건넸어요.
　"다시 만날 때까지 잘 갖고 있을게요."
　둘은 견우와 직녀처럼 안타까운 작별 인사를 나누었어요.

전쟁은 날이 갈수록 심각해졌고, 마사코네 가족은 도쿄를 떠나 시골로 몸을 피했어요. 이중섭은 마사코에게 조선으로 오라는 편지를 보냈어요.

마사코는 목숨을 걸고 일본을 떠나기로 했어요. 전쟁 때라 항구까지 가는 것도 쉽지 않았어요. 마사코의 아버지가 겨우 차편을 구해 주었어요.

마사코는 집을 나온 뒤 나흘 만에 작은 배에 올랐어요. 부산항에 도착하자 이중섭의 친구가 마중을 나와 경성으로 데려다주었어요. 원산에 머물던 이중섭은 경성까지 한달음에 달려가 마사코를 만났어요.

원산으로 함께 돌아온 이중섭과 마사코는 혼례식을 올렸어요. 신랑은 사모관대(전통 혼례를 올릴 때 쓰는 옷과 모자)를 쓰고 신부는 족두리에 한복을 차려입었어요. 신랑 신부의 모습은 눈부시게 아름다웠어요.

이중섭은 마사코에게 '이남덕'이라는 이름을 새로 지어 주었어요.

"따뜻한 남쪽에서 온 덕이 많은 사람이란 뜻이오. 내 호(본명 외에 쓰는 이름)가 큰 마을이라는 뜻의 '대향'이지 않소. 우리 아들딸 많이 낳아 대향남덕국을 만들어 한 오백 년 잘 살아 봅시다."

"그래요, 우리 행복한 세상을 만들어요."

아내가 이중섭의 손을 꼭 잡았어요.

부부는 볕과 바람이 잘 드는 산 중턱에 신혼집을 꾸렸어요. 그리고 꿈만 같은 평온한 날들을 보냈어요.

1945년 8월 15일, 드디어 조선은 일본의 지배에서 벗어나 광복을 맞이했어요. 일본 히로시마와 나가사키에 원자 폭탄이 떨어지면서 일본이 항복하고 말았어요. 해방 소식에 사람들은 태극기를 들고 나와 환호했어요.
　하지만 해방의 기쁨을 다 누리기도 전에 우리나라는 남과 북으로 나뉘게 되었어요. 한반도를 가로지르는 북위 38도선을 경계로 남쪽은 미국이, 북쪽은 소련(지금의 러시아)이 지배한다고 했어요. 우리나라가 독립을 하기에는 힘이 없다는 이유였어요.

혼란스러운 날들이었지만, 이중섭은 굴하지 않고 그림을 그렸어요. 백화점 지하실에 벽화 작업을 할 때 복숭아나무에 아이들이 매달려 노는 장면을 그렸어요. 아이들이 마음껏 뛰노는 따스한 날을 기원한 것이었어요.

가을이 깊어 갈 무렵이었어요. 이중섭 부부의 첫아이가 하늘나라로 떠나고 말았어요. 태어날 때부터 몸이 약해 시름시름 앓았는데, 끝내 해를 넘기지 못했어요. 부부는 깊은 슬픔에 빠졌어요.

아이의 관이 나가는 날 아침이었어요. 이중섭은 간밤에 그린 그림을 아이 가슴에 올려 주었어요. 어린아이들이 뛰어놀며 장난치는 그림이었어요.

"이보게, 그건 무슨 그림인가?"

친구 구상이 물었어요. 구상은 일본에서 유학하던 시절부터 이중섭과 가까이 지낸 시인이었어요.

"하늘나라에서 혼자 있으면 너무 쓸쓸하잖아. 이 아이들이랑 친구가 되어 마음껏 놀라고 그랬네."

그 말에 구상의 눈시울이 붉어졌어요.

이중섭은 첫아이를 떠나보내고 아이들 그림을 하루에 수십 장씩 그렸어요. 그림 속 아이들은 밝고 씩씩한 모습이었어요.

이듬해에 둘째 아들 태현이가, 그다음 해에 셋째 아들 태성이가 건강하게 태어났어요.

1950년 6월 25일, 육이오 전쟁이 일어났어요. 남과 북이 총부리를 겨누며 무자비하게 싸웠어요. 원산에 폭격이 떨어지자 이중섭은 아내와 아이들을 데리고 급히 피난길에 올랐어요.
　겨울바람이 매섭게 몰아쳤고, 사흘 만에 겨우 부산항에 도착했어요. 입은 옷 말고는 가진 게 아무것도 없었어요. 부산항은 피난 온 사람들로 아수라장이었어요.
　간신히 들어간 피난민 수용소는 마구간과 같았어요. 구멍 뚫린 천장으로 바닷바람이 몰아쳐 몸이 벌벌 떨렸어요. 주먹밥 한 덩이로 배고픔을 달래야 했어요.

이중섭은 부두로 나가 청소 일을 했어요. 어느 날 일을 마치고 오는 길이었어요. 껌을 파는 아이가 군인에게 발길질을 당하고 있었어요.

이중섭은 달려가 소리쳤어요.

"어린아이한테 뭐 하는 짓이오!"

"뭐야, 저리 가지 못해!"

군인이 밀쳐 냈지만 이중섭은 물러서지 않았어요.

그때 부두를 순찰하던 군인들이 몰려와 이중섭을 짓밟았어요. 피가 터지고 고통스러웠지만 이중섭은 물러서지 않았어요. 어른이라면 어리고 약한 아이를 지키는 게 당연하다고 생각했어요.

"독한 놈이다. 그만하고 가자."

군인들이 떠난 뒤, 이중섭은 다친 아이를 꼭 안아 주었어요.

1951년 1월, 정부에서는 부산에 몰린 피난민들을 제주도로 보내고 있었어요.

"우리도 따뜻한 곳으로 갑시다."

이중섭은 가족을 이끌고 다시 피난길에 올랐어요. 그리고 제주도에서 가장 따뜻하다는 서귀포로 향했어요. 고구마를 얻어먹으며 배를 채우고 외양간에서 눈을 붙였어요. 꼬박 삼 일 동안 눈길을 걸어 서귀포에 도착했어요. 한 평 남짓한 작은 방이었지만 가족이 함께할 보금자리가 생겼어요.

이중섭은 날마다 아이들과 바닷가로 나갔어요. 게를 잡거나 해초를 따서 죽을 쑤면 든든한 끼니가 되었어요. 이중섭이 모래밭에 앉아 그림을 그릴 때였어요.

"아버지, 뭘 그리는 거예요?"
태현이가 눈을 반짝였어요.
"배가 고프니 게를 잡지만 게들한테 몹쓸 짓을 하는 것 같구나. 미안한 마음에 그림을 그리고 있단다."
이중섭은 두 아이가 게와 물고기를 친구 삼아 노는 모습을 그렸어요.

이중섭이 화가라고 동네에 알려지자 이웃집 할머니가 찾아왔어요.

"우리 아들이 전쟁터에 나갔다 돌아오지 못했소. 제사상에 올리게 그림 좀 그려 주구려."

할머니가 손가락 두 마디만 한 사진을 내밀었어요.

이중섭은 머뭇머뭇했어요. 사람 얼굴을 그대로 옮겨 그린 적이 없었거든요. 하지만 전쟁터에서 억울하게 죽은 젊은이들을 모른 척할 수 없었어요.

이중섭은 마당에 앉아 초상화를 그렸어요.

"세상에나, 우리 아들이 살아온 것만 같네."

그림 속 얼굴을 보며 할머니가 눈물을 흘렸어요.

다른 이웃들도 사진을 들고 이중섭을 찾아왔어요. 그때마다 이중섭은 정성껏 초상화를 그려 주었어요. 이웃들은 고마워하며 물고기나 보리쌀을 건넸어요.

전쟁 중이었지만 부산에서는 전시회가 열리고 화가들도 바쁘게 활동했어요. 이중섭은 혼자만 따뜻한 곳에서 세상을 잊고 사는 것 같아 마음이 편하지 않았어요. 춥고 배고파도 동료들과 뜻을 같이해야겠다고 생각했어요.
　이중섭 가족은 제주도를 떠나 부산 범일동 판잣집으로 이사했어요. 또다시 배고픈 날들이 찾아왔어요. 이중섭은 부두에 나가 일을 구했어요. 하루 종일 짐을 나르고 페인트칠을 해도 네 식구가 끼니조차 때우기 버거웠어요.

그러던 중 일본에서 편지 한 통이 날아들었어요. 마사코의 아버지가 세상을 떠났다는 내용이었어요.

"어머니 혼자 계시니 우선 일본으로 가야겠어요. 이대로 있다간 우리 아이들이 굶어 죽을지도 몰라요. 먼저 가서 기다릴게요."

일본 사람인 아내가 일본으로 돌아가는 것은 문제없었지만, 전쟁 중에 이중섭이 다른 나라 땅 일본으로 가는 일은 쉽지 않았어요.

"면목이 없소. 미안하구려."

이중섭은 야윈 아내를 보며 흐느껴 울었어요.

기다릴 테니 당신도 곧 오세요.

가족이 떠나고 이중섭은 혼자 판잣집에 남았어요. 아내와 아이들에게 그림 편지를 쓰며 춥고 외로운 시간을 견뎠어요. 우동으로 한 끼만 먹은 날에도 편지를 썼어요.

나의 귀엽고 소중한 남덕 군,
사랑하는 당신과 아이들을 생각하며
대향은 예술 완성을 위해 최선을 다할 작정이오.
내 마음의 주인 남덕 군,
대향을 굳게 믿고 매일매일 행복하게 지내 주시오.

이중섭은 부두 일을 하면서 틈틈이 그림을 그렸어요. 재료가 떨어지면 쓰레기 더미를 뒤져 담뱃갑을 쌌던 은종이를 찾았어요. 은종이를 싹싹 펴서 연필로 그리기도 하고 송곳으로 쓱쓱 선을 긋기도 했어요.
이중섭이 은종이 그림을 보이자 친구들이 놀라 말했어요.
"와, 이거 참 기가 막히네."
"꼭 돌에 새긴 그림 같구먼."

"표정이 없는데 어찌 이리 평화로워 보일까."
모두 입을 다물지 못할 만큼 감탄했어요.
이중섭은 편지를 쓰고 그림을 그리며 하루하루 버텼지만, 원산에 있는 어머니와 일본으로 간 가족이 몹시 보고 싶었어요. 끼니를 거르는 날이 많았고 건강도 나빠졌어요.

1953년 7월, 마침내 육이오 전쟁이 멈추었어요. 남과 북은 휴전을 약속했지만 휴전선이 가로막혀 오갈 수 없었어요. 이중섭도 어머니가 있는 원산으로 돌아갈 길이 없었어요.

이중섭은 남쪽 바닷가 통영으로 갔어요. 통영 바다는 원산 바다만큼이나 드넓고 푸르렀어요. 끝없이 펼쳐진 바다를 보며 이중섭은 마음을 다잡았어요.

'그래, 지금은 그림만 생각하자. 어머니도 그걸 바라실 테니까.'

그 뒤로 이중섭은 밤이든 새벽이든 쉬지 않고 그림을 그렸어요.

어린 시절부터 애정을 쏟은 소 그림도 계속 그렸어요. 「흰 소」, 「싸우는 소」, 「황소」 등 다양한 작품을 완성했어요. 「황소」에는 굳세고 강하게 살겠다는 다짐을 담았어요. 그리고 친구들을 만날 때마다 말했어요.

"나는 소다!"

이중섭은 소처럼 고난을 견디고 기운차게 나아가고 싶었어요.

아내를 그리워하며 새 두 마리가 맞닿아 있는 「부부」도 그렸어요.
　　가족에게 보내는 그림 편지에도 간절한 바람을 담았어요. 가족과 함께 행복을 찾아 떠나고 싶은 마음으로 「길 떠나는 가족」을 그렸어요.

　　나의 똑똑하고 착한 아들 태현 군, 태성 군.
　　감기 걸리지 않게 몸조심하고
　　건강하게 아빠를 기다려다오.
　　아빠는 언제나 너희가 보고 싶단다.

1955년 새해가 밝았어요. 이중섭은 일본에 있는 가족을 하루빨리 만나러 가야겠다고 생각했어요. 더 늦기 전에 아이들에게 자전거를 사 주겠다는 약속을 지키고 싶었어요.

이중섭은 작품들을 모아 큰 전시회를 준비했어요. 그동안 그린 그림들을 선보일 기회였고, 판매가 되면 일본으로 갈 돈뿐 아니라 가족과 함께할 생활비도 마련할 수 있었어요.

드디어 친구들의 도움으로 서울 미도파 화랑에서 전시를 시작했어요. 전시회는 성공적이었어요. 많은 사람이 그림을 보러 왔고, 신문사마다 취재를 나왔어요.

한창 전시회가 무르익을 때였어요. 갑자기 정부 검열관(작품 내용을 검사하는 관리)들이 들이닥쳤어요.

"사회 질서를 어지럽히고 정서에 해로운 그림은 전시할 수 없소!"

"나는 자유롭고 순수한 세상을 표현한 것이오!"

이중섭이 맞섰지만 소용없었어요. 검열관들은 은종이 그림을 마구 떼어 냈어요. 벌거벗은 사람들이 자연과 어우러져 있는 그림들이었어요.

이중섭은 큰 충격에 빠졌어요. 게다가 그림을 산 사람들이 제때 돈을 주지 않아 빈털터리가 되었어요.

"나랑 대구에 가서 한 번 더 전시회를 열어 보세."
 구상의 설득으로 이중섭은 다시 일어났어요. 하지만 대구 전시회에는 기대만큼 사람들이 오지 않았어요. 작품도 잘 팔리지 않았고요.
 이중섭은 몸도 마음도 지쳐 스스로를 비난했어요.
"그림 그린답시고 공짜 밥만 얻어먹고 다닌 거야."
"자네, 왜 이렇게 약해졌나?"
 구상이 안타까워했어요.
"남들은 다 열심히 사는데 나는 그림만 모시고 살았으니 이 꼴이 되었지."
 이중섭은 세상을 다 잃은 것처럼 보였어요. 그리고 그날부터 아무것도 먹지 않았어요. 새벽에 벌떡 일어나 숙소 계단을 쓸고 길에 버려진 소똥을 치웠어요. 어떤 날은 그림들을 아궁이에 쑤셔 넣어 불태웠어요.

　이중섭이
미쳐 간다는 소문이
돌았어요. 그러자 이중섭은
자화상을 그려 친구들에게 보여 주었어요.
　"미친 사람이 어떻게 자기 얼굴을 그린단 말인가?"
　그래도 여전히 음식을 입에 대지 않았어요. 몸이 삐쩍 말라 금세 쓰러질 것 같았어요.
　"이러다 큰일 나겠네. 우선 몸부터 회복해야지."
　구상과 친구들이 이중섭을 병원으로 데려갔어요.

이중섭은 병원에서도 힘겹게 연필을 쥐고 그림을 그렸어요. 영화 제목에서 영감을 받아 그림 「돌아오지 않는 강」도 완성했어요. 열심히 그림을 그리다 보면 가족을 만나러 갈 수 있다고 생각했어요.
　그러다 문득 가족을 영원히 볼 수 없을지도 모른다는 생각이 밀려왔어요. 불안이 커질수록 멀리 떨어진 가족이 사무치게 그리웠어요. 목구멍으로 음식을 넘기지도 못했고, 얼굴과 몸은 점점 누렇게 변했어요.

이중섭은 침대에 누워 천장을 바라보았어요. 영양실조와 간염이 심해 몸을 가눌 수도 없었어요. 그리운 가족을 떠올리자 두 눈에 눈물이 차올랐어요.

1956년 9월 6일 늦은 밤, 결국 이중섭은 아무도 없는 병실에서 눈을 감았어요. 마지막 작품의 제목처럼 돌아올 수 없는 저 먼 강을 홀로 건너고 말았어요.

뒤늦게 소식을 들은 친구들이 달려와 장례를 치렀어요. 활활 타는 불길 속으로 이중섭의 시신이 들어갈 때 구상이 목 놓아 울었어요.

구상은 뼛가루 일부를 항아리에 담아 일본에 있는 이중섭의 아내에게 전했어요.
이중섭은 그토록 사랑하던
가족을 죽어서야 만날
수 있었어요.

사십 년이라는 짧은 생을 살다 떠난 이중섭은 고난 속에서도 희망을 그린 화가였어요. 역경에 굴하지 않는 우리 민족의 강인함을 끊임없이 작품에 담아냈어요. 남들과 똑같은 것이 아닌 늘 새로운 것들을 찾아 나섰어요. 그저 소처럼 우직하게, 어린아이처럼 순수하게 오로지 그림밖에 몰랐어요.

'대향'이라는 호처럼 마음에 큰 마을이라도 있듯, 이중섭은 작고 약한 이들을 품을 줄 아는 아름다운 사람이었어요. 그래서일까요, 그리움과 사랑이 고스란히 스며든 이중섭의 작품들은 우리에게 희망을 주는 따뜻한 빛으로 남았어요.

♣ 사진으로 보는 이중섭 이야기 ♣

1940년, 일본에서 이중섭이 다닌 문화 학원의 졸업 사진이에요. 아랫줄 왼쪽에서 세 번째에 앉아 있는 사람이 이중섭이에요.

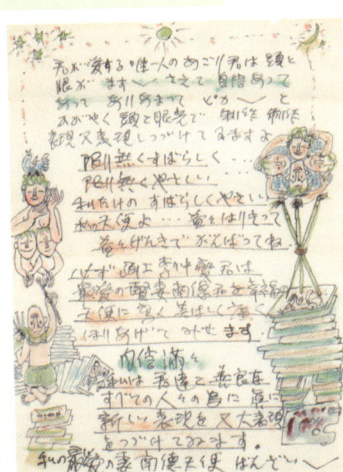

이중섭이 일본에 있는 아내에게 쓴 편지예요. 육이오 전쟁 중 가족을 일본으로 보낸 후, 이중섭은 죽기 전까지 사 년 동안 200통이 넘는 편지를 주고받았어요.

이중섭이 1950년대에 그린 은지화 「가족을 그리는 화가」예요. 은종이를 연필, 못 등으로 긁어 생긴 틈으로 물감을 넣어 선을 만든 거예요. 고려청자의 상감 기법을 떠오르게 하지요.

1954년, 이중섭이 경남 통영에서 전시회를 열었을 때 찍은 사진이에요. 이중섭은 이 년 동안 통영에 머물면서 소 연작 등 중요한 그림을 많이 그렸어요.

이중섭은 소 그림으로 유명하지만 '물고기, 게와 노는 아이들'도 즐겨 그렸어요. 1954년 아들 태현에게 편지와 함께 보낸 「두 아이와 물고기와 게」는 국립 현대 미술관에서 소장하고 있어요.

이중섭이 통영에서 그린 대표작 「흰 소」(왼쪽)와 「황소」(오른쪽)예요. 이중섭은 소 그림에 우리 민족과 자기 자신의 모습을 담았어요.

♣ 이중섭에 대해 더 궁금한 것들 ♣

이중섭은 왜 소를 많이 그렸을까요?

이중섭은 소 그림을 많이 남겼어요. 정확한 이유를 알 수 없지만, 오산고보에서 받은 교육이 영향을 끼친 것이리라 추측해요. 특히 당시에 미술 교사였던 임용련, 백남순 부부는 학생들에게 우리나라의 특색을 담은 그림을 그리게 했어요. 그러면서 소를 그리는 화가가 몇 명 생겼는데, 이중섭도 그중 하나였지요.

이중섭에게 소는 우리 민족이었지만, 때로 자기 자신을 뜻하기도 했어요. 소를 통해 고통, 분노, 희망, 의지 등 다양한 내면의 감정을 표현했어요. 이중섭이 그린 수많은 소 그림은 여전히 최고로 손꼽혀요.

이중섭이 은종이에 그림을 그렸다고요?

전쟁 중에 미술 재료를 구하기 어려웠던 이중섭은 좋은 생각이 떠오르면 담뱃갑에 그림을 그렸어요. 당시 담뱃갑 안에는 향이 날아가지 않도록 기름종이에 알루미늄을 얇게 씌운 은종이가 덧대어 있었어요. 이중섭은 이 은종이를 잘 편 다음, 뾰족한 펜이나 연필로 눌러서 밑그림을 그렸어요. 그리고 온통 물감으로 뒤덮은 후,

마르기 전에 헝겊이나 손바닥으로 닦아 냈지요. 그러면 움푹 팬 선에 물감이 스며들어 독특한 그림이 완성되었어요.

　색다른 재료와 기법으로 그린 은종이 그림은 미국에서 문화 외교관으로 온 아더 맥타가트의 눈에도 띄었어요. 1956년 1월, 아더 맥타가트는 미도파 화랑에서 열린 〈이중섭 작품전〉에서 산 은종이 그림을 뉴욕 현대 미술관에 기증했어요. 까다로운 심사를 거친 끝에, 은종이 그림 세 점은 우리나라 화가의 작품 중 최초로 뉴욕 현대 미술관에 전시되었지요.

이중섭은 어떻게 사람들에게 알려졌나요?

　이중섭이 세상을 떠난 뒤, 구상과 친구들은 이중섭 기념 사업회를 꾸렸어요. 이중섭이 그린 그림들을 전시하고 함께한 추억을 모아 책도 냈어요. 제주도 서귀포시에서는 이중섭이 머물던 집을 지키고, 이중섭 미술관과 이중섭 거리를 만들었어요. 모두 '이중섭'이라는 화가를 영원히 잃고 싶지 않은 마음에서 비롯된 일이었어요.

　물론 이중섭은 살아 있을 때도 미술 공모전에서 상을 많이 받고, 한국과 일본에서 꽤 이름난 화가였어요. 하지만 이제는 우리나라를 대표할 정도로 유명한 화가가 되었어요. 1960년부터 이중섭 전시회가 꾸준히 열리고, 미술 교과서에는 이중섭이 그린 그림이 꼭 하나씩 실려 있어요. 동요 「한국을 빛낸 100명의 위인들」에도 "황소 그림 중섭"이라는 가사가 나올 정도지요.

함께 보면 쏙쏙 이해되는 역사

◆ 1916년
평안남도 평원군에서
태어남.

1910

1910년
한일 합병 조약으로 우리나라가
일본의 식민지가 됨.

◆ 1930년
오산고보에 입학해
미술부에 들어감.

1930

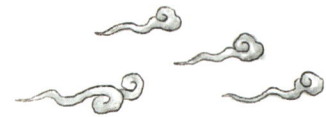

◆ 1945년
원산에서 야마모토
마사코와 결혼함.

1946년
첫째 아들이 세상을
떠남.

1945

1945년
우리나라가 광복을 맞음.

1948년
대한민국 정부가 세워짐.

◆ 1953년
김환기, 유영국 등과
부산에서 전시회를 엶.

1953년
일본으로 떠난 가족을 보고
일주일 만에 돌아옴.

1950

1950년
육이오 전쟁이 일어남.

1953년
휴전선이 설정되면서
한반도가 남과 북으로 나뉨.

◆ 이중섭의 생애
● 우리나라의 근현대사

◆ 1936년
일본으로 건너가
제국 미술 학교에 입학함.

◆ 1938년
문화 학원 미술과에서
야마모토 마사코를 만남.

◆ 1940년
자유 미술가 협회전에
「서 있는 소」 등을 출품해 입선함.

1935　　　　　　　　　　　**1940**

● 1941년
일본이 진주만을 기습하면서
태평양 전쟁이 시작됨.

◆ 1955년
서울과 대구에서
〈이중섭 작품전〉을 엶.

◆ 1956년
서대문 적십자 병원에서
세상을 떠남.

1955

● 사진 제공

60쪽(위)_김복기. 60쪽(아래 왼쪽, 오른쪽) 61쪽(위 오른쪽)_국립 현대 미술관.
61쪽(위 왼쪽)_국립 현대 미술관 미술 연구 센터 유강열 컬렉션, 장정순 · 신영옥 기증.
61쪽(아래 왼쪽, 오른쪽)_한국 저작권 위원회.

글쓴이 **김유**

제17회 창비 좋은 어린이책 대상을 받았다. 바닷마을 작업실 메리응유에서 글을 쓰고 있다. 그림책 『마음버스』, 동화책 『내 이름은 구구 스니커즈』, 『겁보 만보』, 『무적 말숙』, 『라면 먹는 개』, 『안읽어 씨 가족과 책 요리점』, 『귀 큰 토끼의 고민 상담소』, 『가족이 있습니다』, 『지퍼백 아이』 등을 썼다.

그린이 **김홍모**

만화가이자 그림책 작가이다. 부천 국제 만화제에서 『내가 살던 용산』, 「두근두근 탐험대」 시리즈로 상을 받았다. 만화 『홀』, 『내 친구 마로 1, 2』, 『좁은 방』, 『빗창』 등을 냈다. 쓰고 그린 책으로 『우주 최고 만화가가 되겠어!』가 있으며, 그린 책으로 『오늘의 날씨는』, 『책 만들어 주는 아버지』, 『김홍도』, 『주몽』, 『이호왕』 등이 있다.

새싹 인물전
067

이중섭

1판 1쇄 찍음 2022년 12월 27일 1판 1쇄 펴냄 2023년 1월 2일

글쓴이 김유 그린이 김홍모
펴낸이 박상희 편집장 전지선 편집 최미소 디자인 이슬기
펴낸곳 (주)비룡소 출판등록 1994.3.17. (제16-849호)
주소 06027 서울시 강남구 도산대로1길 62 강남출판문화센터 4층
전화 영업 02)515-2000 팩스 02)515-2007 홈페이지 www.bir.co.kr
제품명 어린이용 각양장 도서 제조자명 (주)비룡소 제조국명 대한민국 사용연령 3세 이상

ⓒ 김유, 김홍모, 2023. Printed in Seoul, Korea.

ISBN 978-89-491-2947-1 74990
ISBN 978-89-491-2880-1 (세트)

「새싹 인물전」 시리즈

- 001 **최무선** 김종렬 글 이경석 그림
- 002 **안네 프랑크** 해리엇 캐스터 글 헬레나 오웬 그림
- 003 **나운규** 남찬숙 글 유승하 그림
- 004 **마리 퀴리** 캐런 월리스 글 닉 워드 그림
- 005 **유일한** 임사라 글 김홍모·임소희 그림
- 006 **윈스턴 처칠** 해리엇 캐스터 글 린 윌리 그림
- 007 **김홍도** 유타루 글 김홍모 그림
- 008 **토머스 에디슨** 캐런 월리스 글 피터 켄트 그림
- 009 **강감찬** 한정기 글 이홍기 그림
- 010 **마하트마 간디** 에마 피시엘 글 리처드 모건 그림
- 011 **세종 대왕** 김선희 글 한지선 그림
- 012 **클레오파트라** 해리엇 캐스터 글 리처드 모건 그림
- 013 **김구** 김종렬 글 이경석 그림
- 014 **헨리 포드** 피터 켄트 글·그림
- 015 **장보고** 이옥수 글 원혜진 그림
- 016 **모차르트** 해리엇 캐스터 글 피터 켄트 그림
- 017 **선덕 여왕** 남찬숙 글 한지선 그림
- 018 **헬렌 켈러** 해리엇 캐스터 글 닉 워드 그림
- 019 **김정호** 김선희 글 서영아 그림
- 020 **로버트 스콧** 에마 피시엘 글 데이브 맥타가트 그림
- 021 **방정환** 유타루 글 이경석 그림
- 022 **나이팅게일** 에마 피시엘 글 피터 켄트 그림
- 023 **신사임당** 이옥수 글 변영미 그림
- 024 **안데르센** 에마 피시엘 글 닉 워드 그림
- 025 **김만덕** 공지희 글 장차현실 그림
- 026 **셰익스피어** 에마 피시엘 글 마틴 렘프리 그림
- 027 **안중근** 남찬숙 글 곽성화 그림
- 028 **카이사르** 에마 피시엘 글 레슬리 뷔시커 그림
- 029 **백남준** 공지희 글 김수박 그림
- 030 **파스퇴르** 캐런 월리스 글 레슬리 뷔시커 그림
- 031 **유관순** 유은실 글 곽성화 그림
- 032 **알렉산더 벨** 에마 피시엘 글 레슬리 뷔시커 그림
- 033 **윤봉길** 김선희 글 김홍모·임소희 그림
- 034 **루이 브라유** 테사 포터 글 헬레나 오웬 그림
- 035 **정약용** 김은미 글 홍선주 그림
- 036 **제임스 와트** 니컬라 백스터 글 마틴 렘프리 그림
- 037 **장영실** 유타루 글 이경석 그림
- 038 **마틴 루서 킹** 베르나 윌킨스 글 린 윌리 그림
- 039 **허준** 유타루 글 이홍기 그림
- 040 **라이트 형제** 김종렬 글 안희건 그림
- 041 **박에스더** 이은정 글 곽성화 그림
- 042 **주몽** 김종렬 글 김홍모 그림
- 043 **광개토 대왕** 김종렬 글 탁영호 그림
- 044 **박지원** 김종광 글 백보현 그림
- 045 **허난설헌** 김은미 글 유승하 그림
- 046 **링컨** 이명랑 글 오승민 그림
- 047 **정주영** 남경완 글 임소희 그림
- 048 **이호왕** 이영서 글 김홍모 그림
- 049 **어밀리아 에어하트** 조경숙 글 원혜진 그림
- 050 **최은희** 김혜연 글 한지선 그림
- 051 **주시경** 이은정 글 김혜리 그림
- 052 **이태영** 공지희 글 민은정 그림
- 053 **이순신** 김종렬 글 백보현 그림
- 054 **오드리 헵번** 이은정 글 정진희 그림
- 055 **제인 구달** 유은실 글 서영아 그림
- 056 **가브리엘 샤넬** 김선희 글 민은정 그림
- 057 **장 앙리 파브르** 유타루 글 하민석 그림
- 058 **정조 대왕** 김종렬 글 민은정 그림
- 059 **나폴레옹 보나파르트** 남찬숙 글 남궁선하 그림
- 060 **이종욱** 이은정 글 우지현 그림

- 061 **박완서** 유은실 글 이윤희 그림
- 062 **장기려** 유타루 글 정문주 그림
- 063 **김대건** 전현정 글 홍선주 그림
- 064 **권기옥** 강정연 글 오영은 그림
- 065 **왕가리 마타이** 남찬숙 글 윤정미 그림
- 066 **전형필** 김혜연 글 한지선 그림
- 067 **이중섭** 김유 글 김홍모 그림

• 계속 출간됩니다.